Presentado a:_

Por:_____

¡Sé fuerte y valiente ... Dios te acompañará dondequiera que vayas!

Josué 1:9

©1999 EDITORIAL VIDA
Miami, Florida 33166-4665
Publicado en inglés bajo el título:

Bible Promises for Kids
© 1998 por *Zondervan Corporation*

Selecciones de:
The Kid's Devotional Bible: New International Version
© 1996 por *Zondervan Corporation*

Traducción y adaptación: *Orville E. Swindoll*
Diseño: *Mark Veldheer*
Adaptación del diseño: *Gustavo Camacho*

Todas las citas bíblicas se tomaron de *La Santa Biblia: Nueva Versión Internacional.* Copyright 1999 por la Sociedad Bíblica Internacional. Publicada por Editorial Vida, una división de Zondervan/HarperCollins.

ISBN 0-8297-2370-6

Categoría: *Devocional*
Impreso en Estados Unidos de América
Printed in the United States of America
00 01 02 03 04 05 ❖ 07 06 05 04 03 02

La misión de Editorial Vida es proporcionar los recursos necesarios a fin de alcanzar a las personas para Jesucristo y ayudarlas a crecer en su fe.

Fiel es Dios, quien los ha llamado a tener comunión con su Hijo Jesucristo, nuestro Señor.

1 Corintios 1:9

¡Fíjense qué gran amor nos ha dado el Padre, que se nos llame hijos de Dios! ¡Y lo somos!

1 Juan 3:1

¿Cómo te llama Dios? ¡Te llama su *hijo*!
Quiere decir que se relaciona contigo.
Le perteneces a Dios. ¡Qué grande es
Dios! ¡Es un Padre maravilloso!

*He colocado mi arco iris
en las nubes.*

Génesis 9:13

Dios le dijo a Noé: «Nunca más enviaré un diluvio que ahogue a la humanidad.» Luego Dios puso un arco iris en el cielo como sello de su promesa.

*Los fuertes en la fe
debemos apoyar
a los débiles.*

Romanos 15:1

¡Dios quiere que las personas *compartan* los dulces! No te quedes quieto. ¡Hoy es un gran día para hacer algo bueno por otra persona!

Yo he puesto mi esperanza en el Señor.

Miqueas 7:7

Cuando te sientes mal, busca alguien que pueda ayudar. Alguien con quién hablar. Dios te ayudará. Te acompañará y te llevará a un refugio seguro.

Ustedes son uno solo en Cristo Jesús.

Gálatas 3:28

Ninguna persona es mejor que otra.
Dios te hizo tal como eres.
Eres igual a todos los demás
Dios ama a todos sus hijos.

*Hemos hecho
un juramento eterno.*

1 Samuel 20:42

Los amigos son un regalo especial de Dios. Dan gozo a tu vida. Agradécele a Dios por tus amigos.

Más valen dos que uno.

Eclesiastés 4:9

Es mejor hacer cualquier cosa acompañado que estar solo. La vida es mejor cuando se comparte con alguien.

Se alegrará por ti con cantos.

Sofonías 3:17

Dios te ama tanto que canta por ti. ¡Qué tremendo! ¡Dios canta porque te quiere!

*Haré caer lluvias
de bendición.*

Ezequiel 34:26

Es un cuadro hermoso, ¿no?
Dios derramará lluvias de bendición
sobre tu cabeza. Dios promete
bendecirte. Levanta tu rostro hacia Dios.
Bebe sus bendiciones.

«¡Hiciste bien, siervo bueno y fiel!
En lo poco has sido fiel; te pondré a
cargo de mucho más.»

Mateo 25:21

Dios te da cosas buenas: talento, dinero, una actitud de gozo. Él confía en que usas todo lo que te da para ayudar a otros.

*B*usquen primeramente el reino de Dios y su justicia, y todas estas cosas les serán añadidas.

Mateo 6:33

Jesús tiene poder para darnos comida, ropa y todo lo que necesitamos. ¡Dios es magnífico!

¡El Señor está contigo, guerrero valiente!

Jueces 6:12

Dios te conoce. Sabe lo que puedes hacer y lo que no puedes hacer. Pídele a Dios que te muestre cómo él te ve. Verás cómo Dios te engrandece.

Entonces ustedes me invocarán,
y vendrán a suplicarme,
y yo los escucharé.

Jeremías 29:12

A través de las cosas grandes o pequeñas, Dios obra en tu vida. Te oye y responde a tus oraciones.

*Bajo sus alas
hallarás refugio.*

Salmo 91:4

Dios quiere sentarte en su regazo y abrazarte, consolarte y protegerte. Dios te invita a la seguridad amorosa de sus brazos.

—*Yo soy el camino, la verdad y la vida —le contestó Jesús—. Nadie llega al Padre sino por mí.*

Juan 14:6

La Biblia dice que Jesús es el camino a Dios. Este camino es el que mejor nos conduce por la vida.

*E*stoy convencido de esto: el que comenzó tan buena obra en ustedes la irá perfeccionando hasta el día de Cristo Jesús.

Filipenses 1:6

¡Dios nunca se rinde!
Dios comenzó una buena obra en ti.
Nunca abandona su trabajo
antes de completarlo.

Dedíquense a la oración:
perseveren en ella con
agradecimiento.

Colosenses 4:2

¿Te has dado cuenta lo fácil que es nunca estar satisfecho? Hay un método simple para pelear contra el monstruo de la ambición. Sé agradecido. Te sentirás satisfecho.

El hijo sabio es la alegría de su padre; el hijo necio es el pesar de su madre.

Proverbios 10:1

¿Le das alegría o tristeza a tus padres?
¿Sonrisas? ¡Bien! Sé sabio
y dales gozo a tus padres.

«Las Escrituras ...
dan testimonio en mi favor.»

Juan 5:39

La Biblia guía a las personas a Jesús.
Jesús es el que salva.
Jesús es el que da vida eterna.

Mientras guardé silencio, mis huesos se fueron consumiendo.

Salmo 32:3

Cuando peques, no lo ocultes.
Dile a Dios que estás arrepentido.
Él te perdonará. Esto ayudará a
tu salud y tu felicidad.

[Presta] atención a los mandamientos del Señor tu Dios que hoy te mando.

Deuteronomio 28:13

Dios quiere que seas el primero en alcanzar la buena vida.
Para ello debes:

1. Conocer sus mandamientos, y
2. Obedecer sus mandamientos.

*Al de carácter firme lo guardarás
en perfecta paz,
porque en ti confía.*

Isaías 26:3

Si piensas en Dios, encuentras paz.
Hallar la paz es mejor que encontrar
temor o preocupación. Puedes escoger
en qué pensar. Escoge la paz.

Que sea tu gran amor mi consuelo, conforme a la promesa que hiciste a tu siervo.

Salmo 119:76

Dios conversará contigo. Escuchará tus temores. Te dará consuelo. Te ayudará a entender. Pasará tiempo contigo.

—Habla, que tu siervo escucha —respondió Samuel.

1 Samuel 3:10

Nunca eres demasiado joven para oír la voz de Dios. Generalmente, Dios habla a través de la Biblia o por medio de tus padres. ¿Qué debieras hacer cuando Dios habla?

Si hicieras lo bueno, podrías andar con la frente en alto.

Génesis 4:7

Es más fácil pecar cuando estás enojado. Puedes elegir hacer el bien *aunque* estés enojado. Escoge el bien. Te ayudará a triunfar sobre el pecado.

Cada mañana
se renuevan sus bondades.

Lamentaciones 3:23

A Dios nunca se le acaba lo que las personas necesitan. Tiene de todo para dar. ¡Siempre tiene paciencia de sobra! Llénate hoy de su amor.

Vete a tu casa, a los de tu familia, y diles todo lo que el Señor ha hecho por ti.

Marcos 5:19

Conoces la verdad. Cuéntales de Dios a tus amigos. ¡Dios usará tu conocimiento en gran manera!

Que el SEÑOR te responda cuando estés angustiado.

Salmo 20:1

Dios escucha tus oraciones. Nada es muy difícil para Dios. Por lo tanto, cuando ores, prepárate para recibir respuesta. Parece demasiado bueno para ser verdad, pero Dios responderá.

El gozo del Señor
es nuesra fortaleza.

Nehemías 8:10

Olvida tus fracasos. Seca tus lágrimas. El gozo del Señor te fortalece. Levanta tu rostro al sol. Sonríe con Dios. Abre tu corazón al gozo.

¡Alégrense los cielos, y regocíjese la tierra!

1 Crónicas 16:31

Dios manda a que la tierra le adore. Con frecuencia, la Biblia habla de una creación feliz, estrellas que cantan y paz entre los animales.

*Por eso, anímense
y edifíquense unos a otros.*

1 Tesalonicenses 5:11

«¿Cómo te sentirías si fueras el compañero nuevo en la escuela?» Si te haces esta pregunta, llegarás a ser mejor amigo. Eso pondrá felices a todos.

[Vivan] en paz unos con otros.

Marcos 9:50

La paz empieza contigo. Si peleas con facilidad, pídele ayuda a Jesús. Jesús convertirá tus manos que pelean en manos que ayudan. ¡Entrégale tus manos a Jesús y harás grandes obras!

Pero si alguno peca, tenemos ante el Padre a un intercesor, a Jesucristo, el Justo.

1 Juan 2:1

¿Alguna vez tuviste un amigo que te defendió? ¿No te hizo sentir bien? Jesús es como ese amigo. Siempre te defenderá. ¡En cualquier circunstancia!

Den, y se les dará ... una medida llena, apretada, sacudida y desbordante.

Lucas 6:38

No importa lo poquito que tengas, siempre puedes dar algo que ayude a otros. Cuando das, aprendes a amar a otros y descubres cuánto puedes ayudar.

*Cambió la tempestad
en suave brisa:
se sosegaron las olas del mar.*

Salmo 107:29

Dios es grande y poderoso. Pero a veces viene como una suave brisa. Sabe cuándo te sientes triste y solitario. Te consuela con algo pequeño, como un susurro.

Estamos rodeados de una multitud tan grande de testigos.

Hebreos 12:1

La vida cristiana es como una carrera. Para prepararte debes leer la Biblia y orar. Mantienes la vista en Jesús y escuchas el aliento de los cristianos.

SEÑOR, ponme en la boca un centinela; un guardia a la puerta de mis labios.

Salmo 141:3

A veces decimos cosas malas sin querer. Todos necesitamos la ayuda de Dios para dejar de decir cosas malas. ¡Dios puede ayudarte a poner cierre a tus labios!

No tengas nada que ver con discusiones necias y sin sentido, pues ya sabes que terminan en pleitos.

2 Timoteo 2:23

Dios quiere que pares la pelea *antes* de que empiece. Una manera de hacerlo es no tener nada que ver con las discusiones necias. Simplemente di: «No voy a discutir.»

¿No saben que ustedes son templo de Dios y que el Espíritu de Dios habita en ustedes?

1 Corintios 3:16

Si crees en Dios, ¡tu corazón es su hogar! Él viene a vivir adentro de ti y te da todo lo que necesitas. Se queda cerca de ti y es tu mejor Amigo.

Ninguna cosa creada escapa a la vista de Dios.

Hebreos 4:13

Los ojos de Dios están llenos de amor.
Te cuida para hacerte bien.
Dios quiere ayudarte cuando eres
tentado a hacer mal.

¡Yo les voy a mostrar algo del poder de Dios!
¡No les voy a ocultar los planes del Todopoderoso!

Job 27:11

El poder del Espíritu Santo es libre.
El poder del Espíritu Santo sirve para
honrar a Jesús. Dios envía su poder
para guiar a las personas a Jesús.

*Y tú, cuando te hayas vuelto a mí,
fortalece a tus hermanos.*

Lucas 22:32

Dios sabe que a veces te equivocarás.
Sin embargo, Dios *nunca* te abandona.
Dios siempre te perdonará. Te usará
para ayudar a otros.

Tú, SEÑOR, iluminas mis tinieblas.

2 Samuel 22:29

¿Alguna vez has temido la oscuridad? La próxima vez que tengas temor, piensa en Dios. Imagina el brillo de su luz. Luego, dale gracias por ser tu luz.

Como madre que consuela a su hijo, así yo los consolaré a ustedes.

Isaías 66:13

Dios es como tu mamá o tu papá. Cuando estás dolido, te sostiene. Deja que llores y te consuela. ¡Dios es mejor que una curita!

[Tú eres] «El Dios que me ve».

Génesis 16:13

Nunca estás solo. Dios está contigo. Dios te acompaña aunque te dejen todos los demás. Dios tiene un lugar especial en su corazón para ti.

Porque con Dios no hay favoritismos.

Romanos 2:11

Dios no ama a los niños más que a las niñas, tampoco ama a las niñas más que a los niños. Dios ama a cada persona por igual.

Llama por nombre a las ovejas y las saca del redil.

Juan 10:3

Te sientes muy especial cuando alguien recuerda tu nombre. Eres especial para Dios y él sabe tu nombre. Dios nunca dice: «¡Oye!, ¿cuál es tu nombre?»

¿No deja las noventa y nueve en el campo, y va en busca de la oveja perdida hasta encontrarla?

Lucas 15:4

Jesús te conoce mejor que un pastor a sus ovejas. Su amor por ti es mayor. Siempre te ayudará. Es su promesa. Jesús es tu pastor.

Porque él ordenará que sus ángeles te cuiden... Con sus propias manos te levantarán para que no tropieces con piedra alguna.

Psalm 91:11, 12

La próxima vez que sientas temor, recuerda el poder del amor. Recuerda que los ángeles de Dios te cuidan. Recuerda que Dios mismo tiene todo bajo control, incluso lo que da miedo. .

La nube del SEÑOR reposaba sobre el santuario durante el día.

Éxodo 40:38

¿Cómo sabes dónde ir y qué hacer?
Dios no envía una nube para guiarte.
Pero te ha dado su Palabra. ¡Eso es
mejor que cualquier nube!

Junto a tranquilas aguas me conduce; me infunde nuevas fuerzas. Me guía por sendas de justicia por amor a su nombre.

Salmo 23:2,3

Dios te acompañará. Tranquilizará tu alma. Te cubrirá con sus promesas y te llenará de su amor. Caminarás con seguridad en la bondad de Dios.

Aclamen alegres al SEÑOR, habitantes de toda la tierra.

Salmo 100:1

No puedes quedarte callado cuando suceden cosas grandes. ¡Tienes que gritar! ¡Tienes que contarle al mundo entero lo feliz que eres!

Es como el árbol plantado a la orilla de un río.

Salmo 1:3a

Un río hermoso fluye directamente de Dios. Su pueblo vive allí. Todos se aman unos a otros. Algún día estarás allí. ¡Qué hermosa promesa!

Depositen en él toda ansiedad,
porque él cuida de ustedes.

1 Pedro 5:7

¡Dios te cuida! Siempre está al tanto de todo. Se interesa por ti.
Dios te cuida en amor, ahora mismo.

*Ayúdense unos a otros
a llevar sus cargas, y así
cumplirán la ley de Cristo.*

Gálatas 6:2

Algunas tareas son demasiado grandes para que las hagas solo. Por eso, Dios te dio una familia para ayudarte. Asimismo, debes ayudar a otros en tu familia. Eso es trabajo de equipo.

Hijo mío, escucha las correcciones de tu padre y no abandones las enseñanzas de tu madre.

Proverbios 1:8

Recibirás recompensa cuando escuches a tus padres. Tu padre sabe cosas que tu no sabes. Tu madre puede enseñarte a vivir. ¡Escúchalos!

Acuérdate de tu Creador en los días de tu juventud.

Eclesiastés 12:1

Pasa tiempo con Dios mientras eres joven. Eso te dará ventajas en la vida. Luego, toda tu vida podrá seguir el plan de Dios.

¿No son todos los ángeles espíritus dedicados al servicio?

Hebreos 1:14a

Si amas a Jesús, tienes tu propio ángel guardián que te cuida. ¡Dale gracias hoy a Dios por tu ángel!

Él los fortalecerá.

2 Tesalonicenses 3:3

Cuando te sientes débil, recuerda este versículo. Dios promete fortalecerte. Además, Dios es fiel. Esto quiere decir que Dios cumplirá sus promesas.

Oré al Dios del cielo.

Nehemías 1:4

¡Puedes orar en cualquier momento y en cualquier lugar! No importa dónde estés, con quien estés ni qué hora es. Siempre puedes orar. ¡Dios siempre escucha!

Consideren bien ... todo lo que sea excelente o merezca elogio.

Filipenses 4:8

Tus pensamientos no tienen importancia. ¿Cierto? ¡No, eso es falso! Dios se interesa por tu mente, así que debes llenarla con buenos pensamientos. Dios te ayudará.

¡Aténganse a la ley!

Isaías 8:20

A Dios no le interesan demasiado las reglas. Desea que lo obedezcas por amor. Ama a Dios primero, y él te ayudará a obedecer sus leyes.

Descansen un poco.

Marcos 6:31

Jesús sabe cuándo estás cansado. No le molesta. La próxima vez que te sientas cansado, vete a un lugar tranquilo y habla con Dios. Le gusta estar contigo, incluso cuando estás cansado.

Por medio de él [Dios] tenemos abundante consuelo.

2 Corintios 1:5

Dios es consolador. Te envuelve en su amor. Te hace sentir seguro y amado. En sus brazos puedes descansar sin temor.

Te he llamado por tu nombre;
tú eres mío.

Isaías 43:1

¡Eres especial para Dios! Te compró. Pagó por tus pecados cuando Jesús murió en la cruz. ¡Dios te cuida porque eres muy especial para él!

Fuerte es el amor,
como la muerte.

Cantar de los Cantares 8:6

¡El amor es la fuerza más poderosa en la tierra! El amor te creó. El amor hizo que Jesús viniera a salvarte. El amor edifica y sana. ¡Qué poderoso!

Más vale comer pan duro donde hay concordia que hacer banquete donde hay discordia.

Proverbios 17:1

Dios dice que si tienes paz, aunque no tengas mucho más, puedes ser feliz. A Dios le gusta la paz.

Le dio de beber.

Génesis 24:18

Pídele a Dios que te ayude
a ser bondadoso.
Así verán todos que también
eres amoroso.

En todo esto procuro conservar siempre limpia mi conciencia delante de Dios y de los hombres.

Hechos 24:16

Tu conciencia te hace sentir mal cuando pecas. Cuando Dios te perdona, tu conciencia no te molesta más.

¡Vengan, volvámonos al SEÑOR!...
Nos sanará.

Oseas 6:1

Puede que no quieras hablar con Dios cuando has obrado mal. Sin embargo, Dios siempre te ama. Te perdonará. El amor de Dios te hará sentir bien.

No ha dejado de dar testimonio de sí mismo.

Hechos 14:17

¡El amor y la bondad vienen de Dios!
¡Puedes verlo por todo el mundo!
Su bondad derrama gozo
en el mundo entero.

Por medio de él todas las cosas fueron creadas.

Juan 1:3

Todas las cosas se crearon a través de Jesús. Hizo el sol, la luna y las estrellas. Hizo la tierra y todo lo que hay en ella ¡Te creó a ti! ¡ Eres suyo!

Ustedes pensaron hacerme mal, pero Dios transformó ese mal en bien.

Génesis 50:20

A veces, aunque te portes bien, puede que alguno te haga mal. Sin embargo, Dios te ayuda en esas situaciones. Dios cambiará lo malo en bueno para ti.

Cuando todavía éramos pecadores, Cristo murió por nosotros.

Romanos 5:8

Piensa en alguna persona que es muy mala. ¿Murió Jesús por esa persona? Si. Jesús vino a salvar pecadores. Puede cambiar corazones y transformar la maldad en bondad.

¡Me alegraré en Dios, mi libertador!

Habacuc 3:18

¡Cuando la vida es dura, alégrate en el Señor! ¿Por qué? Porque Dios te da fuerza. Dios nunca te dejará. Te elevará a las alturas de la alegría.

¡El Señor vive! ¡Alabada sea mi roca! ¡Exaltado sea Dios mi Salvador!

Salmo 18:46

Dios quiere que seas feliz cuando lo alabas. No dejes que nadie te impida amar y demostrar tu amor por Dios.

También hizo las estrellas.

Génesis 1:16

Leer la Biblia es como mirar las estrellas. La Biblia refleja focos de luz en la noche. Confía en la Biblia y caminarás en la luz de Dios.

*Él los fortalecerá
y los protegerá del maligno.*

2 Tesalonicenses 3:3

Cuando estés en peligro, recuerda que
Dios te protegerá del maligno.
Dios lo prometió.
¡De eso puedes estar seguro!

Ama a tu prójimo como a ti mismo.

Lucas 10:27